IMPRIMERIE CHAIX, RUE BERGÈRE, 20. — 856-7.

16 Janvier 1885.

V

Vente du Vendredi 16 Janvier 1885

HOTEL DROUOT, SALLE N° 5

A DEUX HEURES

CATALOGUE

DE

OBJETS D'ART

ET DE CURIOSITÉ

GÉORGIENS, PERSANS, RUSSES

Armes, Pistolets, Sabres Poignards, Haches, damasquinés or et argent et garnis d'ornements en argent,

Selles, Harnais, Cartouchières en cuir brodé argent,
Tambours, Flûtes, Instruments divers.

VASES PERSANS

en pierre gravée, et en noix de coco, sculptés et montés argent.

VASES GÉORGIENS

en bois sculpté, montés argent et incrustés de même métal.

VÊTEMENTS GÉORGIENS ET PERSANS

Manteaux, Robes, Écharpes, Bottes, Sandales, Bonnets d'Astrakan, etc.

COUSSIN velours rouge, richement brodé d'or et de perles fines.

TAPIS — TENTURES

Le tout appartenant à Mr MARIANOFF

EXPOSITION PUBLIQUE

Le Jeudi 15 Janvier 1885, de 1 heure 1 2 à 5 heures 1 2.

Me QUÉVREMONT	M. Léon SALOMON
COMMISSAIRE-PRISEUR	EXPERT
Rue Richer, n° 46.	31, Rue de Maubeuge

PARIS—1885

DÉSIGNATION

ARMES

1 — Flissah, lame gravée, poignée argent gravé, fourreau garni argent.

2 — Pistolet géorgien, crosse garnie en fer damasquiné d'argent, batterie damasquinée d'or.

3 — Autre, même ornementation, avec capucines en
argent.

4 — Pistolet géorgien crosse garnie en argent, avec
inscription. Batterie damasquinée d'or.

5 — Autre Pistolet, canon gravé, batterie damasquinée
d'or.

6 — Belle Hache d'armes, manche en cuir avec gar-
nitures en argent repoussé, travail persan.

7 — Très beau Poignard persan, lames à rigoles,
manche et gaine en argent gravé.

8 — Beau poignard, lame flamboyante gravée de dra-
gons et ornements, manche en fer gravé.

9 — Sabre, lame à rigoles, manche en corne noire,
fourreau en cuir avec garniture argent.

10 — Poignard dans sa gaine en velours rouge garnie
argent, lame gravée, poignée en fer damas-
qüiné.

11 — Autre, lame à rigoles, poignée damasquinée argent, fourreau velours vert garni argent.

12 — Autre analogue au précédent.

13 — Couteau dans sa gaine formée par une langue de
poisson.

14 — Grand Couteau, gaine en peau de daim, garni
argent.

15 — Six Sabres, garnis argent (sera divisé).

16 — Sabre, poignée incrustée, fourreau galonné et
garni argent.

17 — Cinq Poignards à lames gravées, fourreaux en
bois garnis argent (sera divisé).

18 — Huit Javelots, pointes en fer damasquiné, poignée
argent gravé (sera divisé).

19 — Six autres Javelots, pointes en fer damasquiné,
poignées en filigrane d'argent (sera divisé).

20 — Lame de couteau de chasse, incrustée or.

21 — Douze Couteaux dans leurs gaines en velours
rouge garnies argent (sera divisé).

22 — Lot de Couteaux de chasse dans leurs gaines en
velours bleu.

23 — Lot de Couteaux de chasse et autres (sera divisé).

24 — Lot de Couteaux de chasse, manche corne de cerf
    fourreau cuir ou peau de daim.

25 — Quatre Couteaux de chasse dans leurs gaines en
    peau de daim garnies argent.

26 — Couteau de chasse, manche et gaine garnis
    argent.

27 — Lot de petits Couteaux, manches bleu turquoise.

28 — Lot de petits Couteaux, manches rouge corail.

29 — Deux Fourchettes, manches rouge corail.

30 — Deux Autres, manches imitation malachite.

31 — Lot de Couteaux, manches imitation malachite.

32 — Huit Poignards, gaine en chagrin, manches en
    os garnis argent.

33 — Lot de Couteaux avec manche en corne ambrée.

34 — Autre lot de Couteaux, manches variés.

35 — Fourchette en fer, manche en corne.

36 — Sabre, lame gravée, poignée en corne, fourreau
    et ceinturon garnis de plaques en argent.

37 — Sabre, garniture métal gravé.

38 — Sabre, poignée ivoire, lame ornée d'un serpent
    en relief.

39 — Autre Sabre, lame gravée, poignée ivoire.

SELLES, VÊTEMENTS, OBJETS DIVERS

40 — Très beau Coussin en velours rouge, richement
    brodé en or et perles fines, travail persan.

41 — Traversin en soie, fond jaune, brodé en soies de
    couleurs, même travail.

42 — Grande Écharpe en soie, à franges.

43 — Trois autres plus petites.

44 — Selle en cuir gaufré, avec étriers en fer damasquiné d'argent, et brides ornées de plaques en fer niellé, le coussin en drap galonné d'argent,

45 — Trois autres Selles, semblables à la précédente.

46 — Coussin de selle en drap noir galonné d'argent.

47 — Quatre Brides ornées de plaques en fer damasquiné.

48 — Deux Ceinturons en cuir, brodés argent.

49 — Ceinturon en cuir, et étoffe brodée.

50 — Trois Ceinturons en cuir, garnis d'ornements en corne noire.

51 — Autre Ceinturon garni d'ornements en ivoire.

52 — Deux autres Ceinturons garnis d'ornements en corne imitant l'ambre.

53 — Six Ceinturons, galon doré, ornés de plaques et boutons en argent.

54 — Deux autres Ceinturons, galon argent, ornés de boutons en argent.

55 — Quatre Ceinturons, cuir et galon argent avec ornements en ivoire.

56 — Deux autres, avec ornements en os blanc.

57 — Deux autres, avec ornements en corne noire.

58 — Nabadi, pardessus en laine marron, orné de galons brodés en soie.

59 — Tchoga, pardessus laine gris foncé avec cartouchières.

60 — Deux autres, en laine grise.

61 — Neuf Nabadi, pardessus en laine blanche avec attaches et galons argent (sera divisé).

62 — Paire de Bottes en cuir ornées de bandes en peau de daim écarlate, brodées argent.

64 — Lot de Guêtres en cuir, peau de daim et toile (sera divisé).

65 — Paire de Guêtres, en cuir blanc soutaché argent.

66 — Lot de Babouches en cuir (sera divisé).

67 — Lot de Chaussures cuir rouge (sera divisé).

68 — Paire de petites Sandales en drap rouge, brodées en soie.

69 — Paire de Babouches en cuir, avec dessus en étoffe tressée.

70 — Paire de Bottines en laine brodée.

71 — Bonnet en velours bleu, bordure astrakan marron.

72 — Trois Bonnets en astrakan blanc, ornés de galons en argent.

73 — Bonnet en laine blanche, bords en astrakan.

74 — Bonnet tcherkesse en peau de mouton.

75 — Bonnet de Géorgienne en velours, orné d'un galon argent.

76 — Autre Bonnet de Géorgienne, en peau de chèvre orné de galons argent.

77 — Deux autres Bonnets en étoffe, également ornés de galons en argent.

78 — Paire de Bottes en peau de daim, galonnées argent, avec chaussures en cuir galonné.

79 — Bonnet en velours bleu, bordure astrakan marron.

80 — Deux Cartouchières en cuir, brodées argent.

81 — Trois Bonnets en astrakan, ornées de galons en argent.

82 — Deux Bonnets en astrakan.

83 — Un Fez.

84 — Paire de Sandales en cuir vert, brodées argent.

85 — Paire de Sandales en cuir vert, brodées argent et ornées de faveurs roses.

86 — Naghara, espèce de tambour à baguettes.

87 — Doli, espèce de tambour à mains.

88 — Thari, espèce de guitare, incrustée de nacre et os.

89 — Grande Pipe, bouquin ambre.

90 — Petite Pipe, garnie argent.

91 — Chibouque, tuyau en perles, garni argent.

92 — Autre, avec garniture argent gravé et incrusté de turquoises.

93 — Pipe en terre garnie en argent gravé.

93 *bis.* — Quatre Cannes en mosaïque.

94 — Cinq Fouets (Matraghi), manches ornés de galons d'argent, poignées en argent gravé.

95 — Sept Fouets, manche en velours, avec poignées en argent.

96 — Fouet, manche en cuir, poignée os incrusté.

97 — Trois Fouets, manches en cuir blanc, renfermant des couteaux.

98 — Corne à poudre, garniture argent niellé, avec son baudrier, en galon argenté.

99 — Autre Corne à poudre, garniture argent niellé.

100 — Gaine en cuivre rouge, galonnée argent.

101 — Autre en cuivre rouge, galonné argent.

102 — Quatre Coussins en cuir.

103 — Quatre Coussins en feutre brodé.

104 — Lots, de Flûtes et instruments de musique géorgiens (sera divisé).

105 — Canne à épée, garnie argent.

106 — Canne à stylet, avec garniture argent.

107 — Canne ferrée, plaque argent à inscription.

108 — Canne avec ornements en argent gravé.

109 — Lots de Fouets, manches cuir blanc.

110 — Deux Cravaches, dont une avec ornements en argent gravé.

VASES ET OBJETS PERSANS

PIERRE SCULPTÉE

111 — Grande Cruche à couvercle, pierre gravée de palmettes et oiseaux.

112 — Coupe à couvercle, pierre gravée, décor d'oiseaux.

113 — Coupe gravée, côtelée, avec couvercle surmonté d'un éléphant.

114 — Bol, gravé d'oiseaux et de fleurs, le bouton du couvercle formé d'un bouquet de fleurs.

115 — Deux Porte-Bouquets, en pierre gravée.

116 — Paire de Flambeaux, en pierre gravée.

117 — Vase à couvercle et à anse, en pierre gravée.

118 — Théière, en pierre gravée.

119 — Sucrier, en pierre gravée.

120 — Grande Gargoulette, décor d'oiseaux et de palmes.

121 — Grande Gargoulette, gravée de fleurs, oiseaux et animaux.

122 — Autre plus petite, lions et cerfs.

123 — Quatre Gargoulettes, décors variés.

124 — Deux Carafes avec ornements gravés représentant des oiseaux et des lions.

125 — Deux grandes Gargoulettes avec ornements en losange, gravés de fleurs et d'oiseaux.

126 — Autre plus petite, même décor.

127 — Deux Autres plus petites, même décor.

VASES EN BOIS SCULPTÉ

MONTÉS EN ARGENT

128 — Cinq Aiguières, en noix de coco sculptées et montées en argent ciselé, travail persan.

129 — Coupe en coco gravé, monture argent travail persan.

130 — Grande Amphore, formée par un œuf d'autruche sculpté et monté en argent ciselé, travail persan.

131 — Quatre Coupes en coco gravées, et montées en argent, travail persan.

132 — Deux autres, même travail.

133 — Fruit formant coupe, monté en argent.

134 — Lot de Koula (vases en bois), travail géorgien.

135 — Six Koula (vases en bois), garnis argent.

136 — Petite Cruche en bois, ornée de clous en argent.

137 — Deux Coupes en bois, garnies en argent.
138 — Koula, garnie d'étoffe.

139 — Coupe en bois (à anse), garnie argent.

140 — Vase à manche, bois incrusté d'argent.

141 — Lot de (Ghrica), vase en bois gravé et incrusté d'argent.

142 — Dix autres, en bois gravé.

143 — Neuf Kantzi (vases en corne), montés en argent.

144 — Douze autres Vases en corne.

145 — Grande Gargoulette en bois, ornée d'inscrustations d'argent ciselé et niellé.

146 — Autre plus petite.

147 — Grande Gourde, gravée, garnie argent.

OBJETS DE VITRINE. — BIJOUX

148 — Petit Poignard, gaine argent niellé et doré.

149 — Autre plus petit, avec gaine en filigrane d'argent.

150 — Très petit Poignard, gaine en argent gravé et doré.

151 — Très petit poignard à lame flamboyante, manche incrusté de turquoises.

152 — Six paires Pendants d'oreilles en filigrane d'argent.

153 — Sept Bagues en argent, ornées de turquoises.

154 — Collier avec plaque en argent doré et gravé à inscriptions.

155 — Paire de grosses Boucles d'oreilles en argent niellé.

156 — Deux Amphores, argent doré et ciselé.

157 — Flûte, avec ornements en argent ciselé.

158 — Six Tuyaux de pipes, en mosaïque, garnis argent.

159 — Paire de Flambeaux en argent gravé, les pieds formés par des griffes d'oiseaux.

160 — Autre paire de Flambeaux, semblables aux précédents.

161 — Trois Tuyaux de pipes en métal et argent, incrustés de turquoises.

162 — Tuyau en argent incrusté de grenats et de turquoises.

163 — Deux Autres, en filigrane d'argent.

164 — Deux Autres, en ivoire gravé et doré.

165 — Autre en bois, garni argent.

166 — Sifflet en argent niellé.

167 — Quatre Pendeloques (corne), garnie argent.

168 — Trois petites Cuillers argent ornées de turquoises.

169 — Trois Pendeloques argent, forme brocs.

170 — Trois Pendeloques argent, forme amphores.

171 — Petite Aiguière en argent.

172 — Deux petites Coupes en argent.

173 — Collier en graines, avec noix montée argent.

174 — Noix montée argent.

175 — Lot de Boutons de manchettes, argent, représentant des monnaies géorgiennes, grecques, per-
sanes et autres.

176 — Lot de Boutons de manchettes en argent gravé
et niellé.

177 — Deux Broches (corne) montées en argent.

178 — Broche en filigrane doré.

179 — Deux paires de Boutons, en os incrustés de turquoises et de perles.

180 — Deux Bourses en cuir, brodées argent.

181 — Bourse en étoffe tissée argent.

182 — Bourse en perles.

183 — Deux grandes Coupes en métal gravé travail
persan.

184 — Dix autres plus petites.

185 — Lot de Colliers en guicheri (espèce de jais).

186 — Lot de Bracelets en guicheri (espèce de jais).

187 — Lot de Croix, Pendeloques, Bijoux, etc. en guicheri (sera divisé).

IMPRIMERIE CENTRALE DES CHEMINS DE FER. — IMP. CHAIX, RUE BERGÈRE, 20. - 852-5

SUPPLÉMENT

188 — Très jolie Boîte en argent niellé, le couvercle garni d'un médaillon représentant l'impératrice Catherine II de Russie.

189 — Statuette de femme en ivoire.

190 — Groupe femme et enfant en ivoire.

191 — Pipe en bruyère garniture argent Louis XVI.

192 — Christ en bois sculpté Louis XIII.

193 — Paire de Ciseaux persans en fer damasquiné or.

194 — Boîte en émail de Saxe fond bleu, et reliefs or.

195 — Boîte en vernis martin, garnie d'une miniature.

196 — Deux Médaillons en émail de Saxe, paysages.

197 — Boîte en émail de Saxe, sujet à personnages.

198 — Deux Plaques russes en bronze représentant Jésus et les douze Apôtres.

199 — Un Tryptique bronze Louis XIII.

200 — Deux Plaques bronze Louis XIII.

201 — Trois Fragments de tryptique du xve siècle.

202 — Une Trousse garnie d'un couteau et une fourchette, avec manche ébène incrusté d'argent.

203 — Un Couteau et Fourchette, manche en fer damasquiné or et argent Louis XIII.

204 — Un Flacon en coco garni en argent et un fusil à repasser en fer.

205 — Deux Boîtes en émail de Saxe, serin et chardonneret.

206 — Flacon en porcelaine de Saxe, enfants entourant un arbre.

207 — Boîte en Saxe, tête de lièvre.

208 — Un Fusil Louis XV; la crosse garnie de bronze gravé, la batterie également gravée.

209 — Une Arquebuse de rempart du xvie siècle; la batterie gravée, la crosse incrustée ivoire et nacre.

210 — Belle Arquebuse, batterie gravée d'un sujet de chasse, la crosse sculptée.

211 — Arquebuse, la crosse sculptée et garnie de bronze gravé, batterie gravée.

212 — Arquebuse, crosse sculptée et incrustée d'ivoire.

213 — Arquebuse, crosse garnie cuivre uni.

214 — Arquebuse, crosse garnie cuivre gravé.

215 — Un Fusil Louis XVI.

www.ingramcontent.com/pod-product-compliance
Lightning Source LLC
LaVergne TN
LVHW020852200726
843508LV00003B/1172